AF268055

ALBERT FABRE

HISTOIRE DES COMMUNES
DE L'HÉRAULT

XXVIᵉ VOLUME

ROUJAN

ET LES COMMUNES DU CANTON

Fos. — Fouzilhon. — Gabian.
Magalas. — Margon. — Montesquieu.
Nefflés. — Pouzolles. — Roquessels.
Vailhan.

MONTPELLIER

IMPRIMERIE CENTRALE DU MIDI
(HAMELIN FRÈRES)

1894

AVANT-PROPOS

Il est de notre devoir de rappeler tout d'abord que c'est grâce aux encouragements du Conseil général de l'Hérault qu'il nous a été permis, depuis l'année 1872, de poursuivre nos études sur l'histoire des communes du département.

L'œuvre que nous avons entreprise est considérable, et une existence humaine parait bien courte, si on songe que notre ambition est d'écrire la monographie des 337 communes de l'Hérault et d'en publier le plus grand nombre possible.

Chaque année, sans aucune interruption, nous avons augmenté le nombre de nos manuscrits, dont quelques-uns ont déjà été imprimés avec le concours des souscriptions du Conseil général et des municipalités qui ont compris l'utilité de la publication des annales historiques de leur commune.

Et cependant, sur les conseils d'illustres savants (1), nos maîtres, nous avons reconnu qu'il

____

(1) Lettres d'Henri Martin, Élisée Reclus, Paul Lacroix, etc.

était préférable, dans certains cas, de grouper plusieurs communes ; l'histoire d'un canton offrira plus d'intérêt que l'histoire de chacune d'elles publiée séparément.

Des chapitres sur la situation agricole, la géologie, la population, des résumés sur les événements remarquables, les biographies, les monuments et de nombreuses statistiques permettront d'avoir rapidement sous les yeux l'aspect d'une région plus étendue que celle d'une commune d'un territoire souvent très restreint.

Nous commençons cet ouvrage par l'Histoire des communes du canton de Roujan. On comprendra que nous lui ayons donné la préférence entre tous, si on veut bien nous permettre de rappeler ici cette phrase d'Augustin Thierry : « L'Histoire » de la contrée, de la province, de la ville natale, » est la seule où notre âme s'attache par un inté- » rêt patriotique. »

Albert Fabre.

Roujan, 26 août 1893.

HISTOIRE

DE

ROUJAN

ET

DES COMMUNES DU CANTON

HISTOIRE

DU

CANTON DE ROUJAN

I

TOPOGRAPHIE

Situation.— Le canton de Roujan est situé à l'Est de l'arrondissement de Béziers, presque au centre du département de l'Hérault. Il est limité par les cantons de Bédarieux, Montagnac, Pézenas, Servian et Murviel-les-Béziers.

Au nord-ouest de Roujan, à gauche du château de Cassan, s'élève un ancien volcan dontparle Buffon, désigné sur les cartes sous le nom de bois de Sainte-Marthe, à cause d'un ancien oratoire situé au sommet du bois.

C'est de cet endroit, et en se plaçant sur les ruines des murs de cette chapelle, qu'il est permis d'admirer le panorama très pittoresque des pays environnants. On domine l'ensemble des constructions de l'ancien prieuré de Cassan, situé dans la déclivité formée par cette hauteur et le bois de Saint-Hilaire. Gabian, sur les bords de la Tongue, entouré de montagnes, avec ses vieux remparts et son clocher roman, rappelle un bourg cévenol. L'œil suit le vallon jusqu'au village de Roquessels, qu'on aperçoit dans le lointain, perché aux flancs de la hauteur que domine encore les ruines d'un vieux château. Au delà, les montagnes de Faugères et enfin la masse imposante des derniers contreforts des Cévennes, limites naturelles du département.

En tournant les regards vers le Nord, on peut apercevoir les ruines du château de Montesquieu. Au milieu de ces montagnes boisées se détache un rocher au ton clair (roquo blanco) indice des terrains carbonifères. Le pic Saint-Vincent, au-dessus du village de Vailhan, dont les sept hameaux très rapprochés seront bientôt réunis entre eux. Sur un roc conique et d'un accès très difficile quelques pans de murs, indice de la demeure du seigneur de ces lieux, dans les temps anciens. Plus rapprochés, dans la même direction, le grand et le petit Glauzy, connus dans le pays sous le nom de roquo negro, dénudés de toute végétation et dont les tons sombres se détachent des montagnes voisines.

Sur la droite, Neffiès, bâti sur un petit monticule et sur la gauche l'emplacement des mines de charbon, aujourd'hui inexploitées. Au-dessus des hauteurs de Neffiès émerge le sommet en forme triangulaire du pic de Vissous, près de Cabrières.

Le clocher de Caux, celui plus éloigné de Montagnac, et tout autour des plaines jusqu'à l'horizon. La ligne argentée de la mer au soleil levant donne au spectateur surpris d'un spectacle aussi imposant, le plaisir d'admirer le beau panorama qui se déroule devant ses yeux sur une aussi grande étendue.

Le mont Saint-Clair de Cette, avec des points brillants, reflets des nombreuses villas qui s'étagent sur le penchant de cette montagne en forme de dos de baleine. Dans le bas, la ville et les mâts des navires, qu'on ne peut apercevoir qu'avec une longue-vue de marine. L'étang de Thau, et sur ses bords Balaruc, Mèze, Marseillan et le pic Saint-Loup, ancien volcan.

Agde, presque à l'embouchure de l'Hérault, doit à la nature de ses pierres la désignation de ville noire, bien moins agréable que son nom antique Αγατη (la belle).

L'œil embrasse alors le pays le plus riche de la terre, car aucune surface du sol, depuis Agde jusqu'à Béziers, n'a donné en certaines années des revenus plus considérables par la quantité de vin produit dans ces riches vignobles, qui font l'étonnement de celui qui traverse cette région par le chemin de fer du Midi.

La silhouette de la cathédrale de Saint-Nazaire et tout autour la ville de Béziers, centre de nombreux villages qu'on aperçoit. Comme rideau à ces paysages de verdure, la chaîne des Pyrénées, dont les sommets neigeux s'éloignent dans la région de l'Ouest et disparaissent dans les brumes.

En abaissant les regards, Puissalicon et Magalas. Plus près Pouzolles, et vers l'Ouest le petit village de Fouzilhon. Au-dessous du bois, le domaine de Sainte-Marthe avec son château moderne, et, plus éloignées, les tours du château de Margon, un des plus curieux spécimens de l'architecture féodale de cette région et aussi du Midi. Dans la plaine, Servian, Abeilhan, et sur une petite hauteur, à gauche du pic Saint-Loup, et près de Valros les ruines d'un ancien lieu retranché des Romains.

Alignan-du-Vent, Pézenas et enfin, caché par la pente du terrain, Roujan, dont on n'aperçoit que quelques maisons, et son ancien moulin à vent dépourvu aujourd'hui de ses ailes.

Le département de l'Hérault, par sa configuration, présente sous des aspects différents des sites merveilleux
et très pittoresques, mais il est rare de pouvoir embras-
ser d'une hauteur un ensemble aussi varié que celui qu'il
nous a été donné de voir souvent du haut des ruines du
viel oratoire de Sainte-Marthe.

La vigne montre déjà ses nombreux pampres verts
dans les vallons et les flancs des coteaux, où le soleil
d'automne transforme en maints endroits les feuilles
en des tons rouges qui donnent aux champs une im-
pression étrange.

Dans la partie boisée, au-dessus de Vailhan, le châ-
taignier et l'arbousier, avec ses fruits doucereux, cou-
vrent de grandes surfaces.

Dans cette région, les montagnes, par leurs formes
et leur coloration, attestent leur constitution géologique, elles attirent chaque année des touristes et des savants nombreux qui viennent étudier dans ces solitudes
les premières formations de la couche terrestre.

Onze communes, six dans la montagne, les autres
dans la plaine, séparées par des distances peu considérables, deux lignes de chemins de fer, six routes de
grande communication, de nombreux chemins vicinaux,
des domaines très importants et une population active
et laborieuse pour les travaux des champs, font espérer
une prospérité et pour les paysans le bien-être, grâce
à la reconstitution du vignoble.

Les cantons des plaines sont plus riches en quantité
de produits vinicoles, mais celui de Roujan, par sa situation et la nature de son sol, compense par la qualité
de ses vins de coteaux les riches récoltes d'autres ré-
gions.

Montagnes. — La partie Nord du canton présente
des altitudes assez élevées.

Le pic Saint-Vincent, au-dessus de Vailhan, point culminant du canton, 479 mètres ; le bois de Lauret, près de Fos, 451 mètres ; les Falgairas, à l'Ouest de Neffiès, 346 mètres ; près de Mounio, 252 mètres, et le bois de Sainte-Marthe, ancien volcan, près le château de Cassan, 215 mètres.

Sur la route d'Agde à Castres, au Sud, à la limite de la commune de Roujan, la cote n'atteint plus que 76 mètres au-dessus du niveau de la mer ; c'est le point le moins élevé du canton.

Cours d'eaux.— Le territoire est arrosé par des rivières de peu d'importance.

La Peyne prend sa source au-dessus de Pézènes, non loin de N.-D. d'Ourgas ; passe dans les communes de Montesquieu, Vailhan et Roujan, se dirige sur Pézenas et se jette dans l'Hérault après un parcours de 30,500 mètres.

La Tongue ou Thongue reçoit un grand nombre de ruisseaux des terroirs de Roquessels, Fos et Montesquieu, elle coule sous les anciens remparts de Gabian, passe auprès de Pouzolles, dont elle inonde parfois les bas quartiers, sort du canton par la commune d'Abeilhan, et se jette dans l'Hérault près de Saint-Thibéry. Son parcours de sa source à l'Hérault est de 29,500 mètres.

Le Libron naît près le col de Pétafy, au-dessus de Faugères, traverse le territoire de Magalas et se jette dans la Méditerranée après un parcours de 43 kilomètres.

Sources. — La source la plus considérable des environs est celle de la Rasclauze de Gabian, dont les eaux

captées par les Romains étaient conduites par un aqueduc à Béziers. Elle fait marcher plusieurs heures par
jour des moulins étagés le long de la montagne.

A Neffiès, une source très abondante du même nom
que celle de Gabian, a presque disparu à la suite des
fouilles faites aux anciennes mines du Caylus.

Une autre source sur le chemin de Béziers à Clermont alimente cette commune.

Sources d'eaux minérales. — Il existe trois fon-
taines d'eaux minérales, ferrugineuses, sulfureuses, al-
calines et salines. Deux dans la commune de Roujan
et une dans celle de Gabian. Elles sont prises en bois-
sons par les habitants. La plus connue est celle de Saint-
Majan.

Source de pétrole. — C'est la seule en France ;
elle se trouve près de Gabian, sur les bords de la Tongue.

Chemins de fer. — La ligne de Montpellier à Rodez
pénètre dans le canton à la limite des communes de
Neffiès et de Roujan, qu'on aperçoit à l'extrémité de
l'avenue qui réunit en ligne droite le chef-lieu du canton
à Neffiès.

La ligne traverse bientôt la rivière de la Peyne sur
un tablier métallique d'une belle portée. En aval, la fon-
taine d'eaux minérales de Saint-Majan avec son beau
platane. Avant de franchir la rivière, on peut apercee-
voir un modeste monument élevé à la mémoire d'un
jeune homme qui tomba blessé mortellement en cet
endroit.

Sur la droite le moulin de Faytis, au delà le Grand
Glauzy (Roquo negro), très connu des géologues.

A partir de ce point, la ligne entre dans la partie montagneuse. Au sortir d'un tunnel, le clocher de Gabian et les restes des anciens remparts dont les tons rougeâtres attestent leur ancienneté. Un autre pont métallique a été jeté sur la Tongue. La ligne suit ensuite le côté gauche de la route d'Agde à Castres.

Sur la droite un vallon, et au delà des montagnes en partie boisées et incultes.

Un œil exercé peut découvrir dans une échappée les ruines du château de Montesquieu.

Roquessels, sur le penchant d'une montagne, attire de loin les regards par la blancheur de ses constructions nouvelles et les ruines de son château qui confond ses vieux pans de murs avec les rochers à dentelures qui se profilent le long de la hauteur.

La ligne de Béziers à Graissessac passe dans la commune de Magalas et se ramifie à celle de Montpellier à Ro lez, près de la station de Faugères.

Routes. — Le chemin de grande communication n° 13, d'Agde à Castres, débouche par une belle avenue dans le canton ; après une montée assez rapide dans Roujan passe auprès du château de Cassan, descend à Gabian, après avoir franchi la Tongue sur un beau pont en pierre.

Cette rivière coupe la ligne de Montpellier à Rodez et, jusqu'à sa sortie du canton, suit le parcours sinueux de la montagne ainsi que cette voie.

Le chemin de grande communication n° 15, de Béziers à Clermont, traverse la rivière de la Tongue près de Pouzolles, se croise dans Roujan avec le chemin d'Agde à Castres, arrive en ligne droite à Nefflès, après avoir franchi la Peyne et laissé sur la droite la gare du chemin de fer. Elle devient alors très sinueuse et très escarpée jusqu'à sa sortie du territoire de cette commune.

Le chemin de grande communication n° 32, de Béziers à Bédarieux, passe à l'Ouest à 2 kilomètres de Magalas.

Le chemin de grande communication n° 30 de Murviel-les-Béziers à Villeveyrac entre par le territoire de Magalas, traverse cette localité, passe auprès du château de Cazilhac, dans la commune de Pouzolles, où il emprunte, près le pont sur la Tongue, la route de Béziers à Clermont jusqu'à Roujan, et ensuite se dirige vers Caux, Nizas, etc.

Domaines. — Les châteaux ou domaines sont peu nombreux, mais très importants.

Dans la commune de Roujan, le château de Cassan, ancien prieuré de ce nom.

Le château moderne de Sainte-Marthe, au-dessous du bois de ce nom.

La Beaume, sur la route de Roujan à Saint-Thibéry et près d'Alignan.

Près de Pouzolles, le château de Cazilhac, ancienne construction du moyen âge.

Dans la communne de Magalas, Affanies, ancien fief avec église, sur la limite du territoire de Saint-Geniès-le-Bas.

St-Nazaire, un des domaines les plus importants de cette commune.

II

POPULATION

Des lettres patentes de Charles V, en 1377, fixent les feux de plusieurs communes qui font actuellement partie du canton et qu'on peut évaluer à 300 feux environ.

Au commencement du XVIIIe siècle, la population s'était sensiblement accrue et devait être de 4,500 âmes.

Une statistique de 1820 donne pour le canton :

Hommes mariés...	1,222	*Report*...	2,899
Femmes mariées..	1,222	Garçons.........	1,812
Veufs..........	150	Filles	1,685
Veuves	305	Militaires aux armées..	28
A reporter...	2,899	Total...	6.424

De 1876 à 1881, par suite de l'émigration produite par le phylloxéra, on a constaté une diminution de 500 âmes qui a été plus sensible lors du recensement de 1886.

RECENSEMENTS OFFICIELS

1821.....	6,424 hab.	1861.....	7,366 hab.
1826.....	6,516 —	1866.....	7,600 —
1831.....	6,540 —	1871.....	7,751 —
1836.....	6,732 —	1876.....	8,053 —
1841.....	6,693 —	1881.....	7,540 —
1846.....	6,749 —	1886.....	6,659 —
1851.....	6,777 —	1891.....	7,261 —
1856.....	7,050 —		

III

SITUATION AGRICOLE

Les communes du canton, à l'exception de celles qui sont situées dans la partie montagneuse, ont toujours été un centre de production agricole.

La statistique de 1820 donne pour une contenance totale de 11,252, exactement 12,565.

Une contenance productive... 6,295
Terres labourables........... 3,070
Vignes...................... 2,201
Bois........................ 597
Près, olivettes, jardins....... 402

En 1836, 3,350 hectares de vignes avec une récolte de 75,000 hectolitres, au prix de 5 francs l'hectolitre.

Les appareils à distiller donnèrent 5,000 hectolitres d'eau-de-vie au prix de 46 francs l'hectolitre.

En 1852, le nombre d'hectares productives s'était élevé à 6,800, dont 5,355 en vignes. La récolte du vin fut de 155,000 hectolitres. A cette époque les distilleries absorbèrent 115,936 hectolitres de vin et 31,870 hectolitres furent exportés.

En 1859, le nombre d'hectares de vignes augmente encore, mais les 5,300 hectares ne donnèrent que 32 hectolitres de vin par hectare, soit une production de 169,000 hectolitres, qui furent vendus au prix de 15 francs l'hectolitre. Le produit fût bon, mais par suite de la maladie nouvelle, l'oïdium, la récolte éprouva un quart de perte.

Les archives départementales ne renferment que les

statistiques de communes de l'arrondissement de Montpellier. Nous avions espéré trouver à la sous-préfecture de Béziers les renseignements relatifs aux statistiques des communes de cet arrondissement; les recherches sont impossibles à cause du mauvais état dans lequel elles se trouvent. Il paraît même qu'à une certaine époque on aurait vendu une partie des vieux papiers.

Nous avons l'espoir d'obtenir ces renseignements dans les archives du ministère du commerce de Paris et de publier le tableau synoptique des Réponses par communes au questionnaire du gouvernement.

Nous donnerons aussi un tableau indiquant la situation du vignoble depuis l'apparition du phylloxéra et sa reconstitution annuelle.

Nous serions heureux si Messieurs les Conseillers généraux et les personnes auxquelles nous soumettrons ces épreuves voulaient bien avoir la bonté de nous indiquer les lacunes que ce travail peut présenter, car nous considérons que c'est un des chapitres les plus instructifs de notre publication.

Le tableau suivant indique le mouvement de la production vinicole dans le canton:

Année	Vignes	Quantités	Prix
1820	2,201 hectar.	» hecto	l'hecto.
1836	3,350 »	75,000 »	20 fr.
1852	4,910 »	151,806 »	5 »
1859	5,300 »	169,600 »	15 »
1862	»	»	»
1872	»	»	»
1882	»	»	»
1892	»	»	»

IV

HISTOIRE DU CANTON AVANT 1789

Occupation romaine. — La richesse du sol avait attiré les Romains dans ces contrées, et les nombreuses tuiles à rebords, la découverte d'amphores, de fragments de sculptures, de mosaïque, indiquent l'existence de nombreuses villas disséminées dans les fertiles vallons.

A Magalas, sur le monticule Montfau, s'élevaient de nombreuses constructions et une cité dont les ruines ont disparu.

Le passage d'un aqueduc romain dans les communes de Gabian, Fouzilhon et Magalas, et la captation de plusieurs sources dans ces territoires, viennent affirmer l'importance de l'occupation romaine.

Seigneurs. — Les seigneurs de Margon de Magalas et les puissants abbés de Cassan paraissent avoir été les seuls qui aient eu une grande autorité dans les bourgs voisins, avant la constitution des communautés. Les ruines des châteaux de Vailhan, Montesquieu, Roquessels, indiquent par leur assiette une époque reculée, mais aucun document ne vient affirmer leur pouvoir sur les lieux de la plaine.

Communautés. — Les vestiges de la tour Rolland, à Roujan, indiquent que ce lieu fut fortifié avant le Xe siècle ; les habitants s'étaient de bonne heure affranchis de la tutelle du seigneur en se constituant en communauté.

Il dut en être ainsi dans la plupart des communes du canton, excepté à Margon et sans doute à Magalas dont les seigneurs furent très puissants.

Les bandes pillardes qui traversèrent notre région à différentes époques avaient engagé les seigneurs à autoriser les communautés à s'entourer de remparts, et celles qui étaient affranchies de leur tutelle s'étaient empressées de se mettre à l'abri de toute surprise. Roujan, Gabian, Magalas, Neffiès, Pouzolles et même Margon, malgré la masse imposante de son château, d'une superficie presque aussi grande que ce modeste bourg, avaient une enceinte, des fossés, et parfois des ouvrages avancés.

Événements remarquables. — Des attaques, des sièges et la prise, pendant les guerres de religion, de Roujan, Gabian et Pouzolles, indiquent le peu de sécurité de ces bourgs à ces époques de guerres civiles et religieuses. Et cependant on veillait à la garde des remparts.

Le sénéchal de Béziers, sur la demande des consuls, envoyait quelques soldats pour la garde et ils étaient nourris et payés par la commune, et les habitants dormaient plus tranquilles, ayant plus de confiance en des soldats mercenaires qu'en eux-mêmes, car malgré amendes et prisons le bourgeois ne se présentait pas toujours à l'heure de la garde.

Les communautés du canton paraissent avoir vécu en bonne intelligence, à l'exception toutefois de Gabian et Roujan qui furent pendant longtemps en désaccord sur la délimitation de leur territoire.

Un procès entre cette dernière commune et les moines de Cassan, au sujet de la ruralité des biens, dura 500 ans, lutte sans exemple dans les annales du Lan-

guedoc. Il suffit à lui seul pour sortir de l'obscurité le
nom de cette commune. C'est le plus bel éloge que l'on
cette puisse faire de la ténacité des consuls, de leur
honnêteté, et c'est pour les familles de ceux qui y prirent
la plus large part un des titres dont elles doivent le
plus s'honorer.

Révolution de 1789. — Les communes du canton
adhérèrent aux principes, mais quelques-unes d'entre
elles, dont les habitants avaient conservé des sentiments
très religieux, ne virent pas avec plaisir les prêtres con-
titutionnels prendre possession des églises.

Il n'y eut cependant aucun excès et les brigandages
et vols à main armée dans plusieurs communes en 1790
furent sévèrement réprimés, grâce aux concours des habitants.

Au moment de terminer cette étude succincte de la
physionomie générale de l'histoire des communes du
canton, nous avions hésité, afin de ne blesser aucune
croyance politique, à parler des événements qui eurent
lieu lors du coup d'Etat de 1851.

Et cependant n'est-il pas permis de dire que des pro-
testations énergiques eurent lieu à Roujan, et dans
d'autres communes du canton? Un grand nombre de
citoyens furent arrêtés, déportés, un jeune homme tué
près de Roujan par la balle d'un soldat, au moment où
il allait prévenir ses amis, qui allaient être cernés
par la troupe.

Lorsque la mort aura fait disparaître tous ceux qui
furent témoins ou victimes de ces époques de trouble,
le monument élevé à la mémoire de mon compatriote
viendra rappeler aux passants que, de nos haines et de
nos discordes, nous n'avons laissé aux générations futu-
res que le souvenir du courage et du dévouement.

V

DIVISION POLITIQUE ET ADMINISTRATIVE DEPUIS 1789

Division politique. — A la formation du département de l'Hérault en 1790, le canton de Roujan comprenait neuf communes : Roujan, Fos, Gabian, Margon, Montesquieu, Pouzolles, Neffiès, Roquessels et Vailhan.

Magalas était chef-lieu de canton et renfermait la commune de Fouzilhon.

Par arrêté des consuls du 3 brumaire an X, il fut supprimé et ces deux communes furent incorporées dans le canton de Roujan, qui est compris dans l'arrondissement de Béziers.

Administration cantonale. — De 1792 à 1795, l'administration cantonale eut pour président : Mérigeaux, de Cassan ;

De 1795 à 1798 : Pastre Verdier, de Gabian ;

En 1798 : Michel Laget, de Roujan.

Les cantons de Roujan et Servian réunis nommèrent jusqu'à 1848 un conseiller général.

LISTE DES CONSEILLERS GÉNÉRAUX

1833 : Barral, propriétaire, à Puissalicon ;

1839 : Cabal (Adolphe), propriétaire à Roujan ;

1872 : Bastard (Achille), de Gabian docteur-médecin, à Pézenas ;

1881 : Bouys (Gabriel), propriétaire à Roujan ;

1883 : Gély (Julien), avocat, à Béziers ;

1881 : André (Joseph), marchand-drapier à Pézenas ;

1889 : Guillou (Lucide), propriétaire, à Magalas.

1833 Cabal (Adolphe), propriétaire à Roujan.

1839 Bédrines, notaire et maire de Magalas.

1851 Azéma (Étienne), avocat-propriétaire, à Roujan.

1871 Couderc (Léon), propriétaire, à Pouzolles.

1880 Martin (Elzéar), de Magalas, avoué a Béziers.

1886 Fabre (Albert), de Roujan, architecte, à Montpellier.

1892 Guerre (Émilien), propriétaire, maire de Gabian.

Justice. — La justice du canton est de 2e classe.

Armée. — Les hommes de l'armée active et de la réserve font partie du XVIe corps d'armée dont le siège est à Montpellier, et de la 61e brigade d'infanterie qui pour le département comprend deux régiments de ligne, et les soldats peuvent être versés dans les régiments qui ont leur casernement à Montpellier et à Béziers.

Pour la cavalerie, dans la 16e brigade à Carcassonne. Pour l'artillerie, à Castres. Pour le train des équipages, dans le 16e escadron, à Lunel. Pour le génie, dans la 16e direction, à Montpellier.

Dans les corps administratifs, dans la 16e section des secrétaires d'état-major et de recrutement, à Montpellier, ainsi que pour les ouvriers d'administration. Et dans la 16e section des infirmiers militaires à Perpignan.

L'armée territoriale comprend, pour l'arrondissement de Béziers et de Saint-Pons, le 121e régiment d'infanterie à Béziers.

Cultes. — Les communes du canton étaient comprises avant 1789 dans le diocèse de Béziers.

Le doyen de Roujan est inamovible ; la cure de deuxième classe est dans l'archiprêtré et l'archidiaconat de Béziers.

Chaque commune est desservie par un prêtre, à l'exception de Roquessels, annexe de Fos ; de Montesquieu, annexe de Vailhan. Fouzilhon n'a qu'un chapelain.

Le culte protestant ressort du consistoire de Bédarieux et du conseil presbytéral de Faugères. Il y a un pasteur dans cette localité.

Le culte israélite, du synode de Montpellier.

Il n'y a ni temples, ni synagogues dans le canton.

Perception. — Le canton est divisé en deux perceptions : 1° Roujan, Neffiès, Vailhan, Pouzolles et Margon.

2° Gabian, Magalas, Fouzilhon, Fos, Roquessels, Montesquieu.

Receveur d'enregistrement. — Il comprend les communes du canton.

Contributions indirectes. — Ce service n'est pas constant et les recettes à pied et à cheval sont souvent remaniées. Il y a un receveur à cheval et un commis à pied à Roujan, et des commis surveillants à Pouzolles.

Les recettes buralistes, au nombre de trois dans le canton il y a trente ans, sont établies aujourd'hui à Roujan, Gabian, Magalas, Margon, Pouzolles, Neffiès et Roquessels. Roujan possède en outre un bureau simple.

Postes et télégraphes. — Les bureaux de poste sont au nombre de cinq : Roujan dessert Margon ;

Gabian, la commune de Fouzilhon ; Neffiès, celles de Vailhan et Montesquieu ; Magalas, Pouzolles. Roquessels est desservi par le bureau de Bédarieux.

Les bureaux télégraphiques existent dans ces cinq bureaux de poste.

Ponts et chaussées. — Le siège est à Béziers.

Le canton de Roujan est le chef-lieu de la 16e circonscription des agents-voyers.

Magalas et Pouzolles, de la 13e circonscription dont le siège est à Servian.

Fos et Roquessels, de la 14e, chef-lieu Bédarieux.

Mines. — Le bassin houiller de Roujan fait partie de la division S. E. du troisième arrondissement dont le siège est à Alais pour le département de l'Hérault.

Eaux et forêts. — Le canton ressort du garde général dont le siège est à Bédarieux.

Il y a un garde forestier à Fos chargé de la surveillance des essences forestières du canton, et un garde-pêche à Pézenas pour les cours d'eaux et la pêche.

Notaires. — Roujan, Magalas et Gabian, ont une étude de notaire.

VI

GÉOLOGIE

La carte géologique du département, faite sous les auspices du Conseil général de l'Hérault et distribuée libéralement, permet de se faire une idée de la distribution des principales masses minérales constitutives du globe dans l'aire restreinte qui nous intéresse plus particulièrement ; la lecture du volume qui porte pour titre : *Introduction à la carte géologique*, et qui accompagne les feuilles coloriées, permet de se familiariser avec les termes les plus usités en géologie et avec les notions élémentaires de cette science. C'est une connaissance tout à fait indispensable pour l'intelligence de la carte, et d'ailleurs facile à obtenir.

Le canton de Roujan exige, plus spécialement qu'un autre, la possession de ces notions à cause de la diversité des terrains qu'il présente, et des nombreux âges du globe dont il offre les archives : il offre en raccourci le caractère du département tout entier, qui a le privilège de fournir des documents des différentes phases par lesquelles notre planète a passé pour arriver de son premier état à celui qu'elle présente aujourd'hui.

On sait que notre terre n'a pas toujours été habitable, et que durant de longs siècles, une température élevée régnant à sa surface et dans son intérieur, la vie n'était pas possible, et les différents matériaux qui se produisaient offraient tous l'aspect des produits actuels de nos hauts fourneaux, ou mieux des émissions de nos volcans en activité ; c'est sous la forme de granite et de ses congénères que ces matériaux se produisaient ; on sait encore que, refroidis plus tard et consolidés, ils ont formé l'ossature de notre globe, qui devait recevoir dans la suite, à l'instar de la chair sur le squelette, d'autres masses minérales formées dans des conditions toutes différentes ; le refroidissement de la surface s'étant opéré, l'eau put y jouer son rôle, et déposer des sédiments provenant des roches déjà consolidées ; elle les dissolvait ou les entraînait telles quelles dans ses flots, les désagrégeant de manière à former des sables dont la pression produisait à la longue les grès.

Alors la vie fut possible et elle apparut, et ses dépouilles vinrent se mêler aux dépôts des eaux.

C'est depuis une longue suite de siècles que ce nouvel état de choses s'est établi ; c'est depuis longtemps qu'il dure ; aux animaux et aux plantes du début succédèrent d'autres animaux et d'autres plantes ; les générations remplaçant les générations se superposèrent les unes aux autres, comme les feuilles d'un herbier, dans un ordre qui a lieu d'étonner l'imagination ; notre globe ressemble, en effet, à un vaste herbier formé de milliers de feuilles superposées, contenant, chacune, des organisations différentes ; mais un herbier ainsi constitué, que le botaniste aurait eu soin d'en placer les feuillets dans l'ordre de complication des organismes que chacun d'eux contient : plantes inférieures en organisation, les premières, et, par-dessus, les types de moins en moins simples, jusqu'à ceux qui sont rangés aujourd'hui parmi les plus perfectionnés. Ce qui est dit des plantes s'applique aux animaux ; chaque feuillet du globe a ainsi sa flore et sa faune distincte de la précédente par un degré supérieur de complication, et de la suivante par une organisation moins parfaite.

C'est ainsi qu'on reconnaît l'homme comme venu de hier dans la création.

Mais pendant que la vie se multipliait à la surface et se diversifiait de cette façon dans le temps, le globe n'était pas entièrement refroidi dans son intérieur ; de temps à autre, s'ouvraient des communications des profondeurs à la surface, et s'émettaient des matériaux fondus à la façon de nos laves du Vésuve et de l'Etna ; c'est donc sous la forme de laves que ces matériaux arrivaient, à travers les feuillets superposés jusqu'au feuillet le plus superficiel qu'ils recouvraient, comme aujourd'hui le Vésuve répand ses produits sur le sol formé de hier.

Porphyres et Basaltes sont les noms de ces laves anciennes.

Notre planète a donc été, depuis le premier refroidissement de sa surface, le théâtre de phénomènes du même ordre que ceux qu'elle nous présente aujourd'hui : alluvions et dépôts soit dans les rivières, soit dans les lacs, soit au fond de nos mers, et, par intervalle, des émissions ignées de l'intérieur, témoignant que notre astre, s'il a terminé sa phase solaire, n'est pas encore entré dans la phase ultime lunaire, où tout a cessé, vie et mouvement.

S'il en est ainsi, si le canton de Roujan nous offre des représentants de ces différents âges du globe, nous devons nous attendre à pouvoir lire cette histoire de notre terre en examinant le sol des différentes communes qui le forment ; il n'en est pas autrement.

Les géologues comme les historiens ont dû partager l'histoire en Époques successives marquées par des caractères susceptibles de les distinguer ; nous retrouverons dans les onze communes de notre canton des monuments de ces époques différentes.

L'animalité et la végétation, dans leur évolution, reconnaissent trois étapes bien distinctes : la première qu'on peut dire l'étape ancienne, une autre que nous appellerons étape du moyen âge, une troisième, étape moderne ; la première géologiquement dénommée Époque paléozoïque, la seconde mésozoïque, la troisième cenzoïque ; ou plus simplement, peut-être, la première primaire, la deuxième secondaire, la troisième tertiaire.

Ce n'est pas ici le lieu de dire en quoi consistent ces distinctions ; ces notions que l'*Introduction* donne sont supposées connues.

Nous dirons donc, sans autres explications, que les communes de Vailhan et Fos nous livreront les monuments de l'époque primaire, celles de Fouzilhon, Gabian et Neffiès, ceux de l'époque secondaire et enfin Roujan, Magalas, Margon et Pouzolles, les vestiges des temps tertiaires et même des plus modernes. Les communes de Montesquieu et de Gabian nous offriront des échantillons de ces produits de fond, similaires de nos laves, qui, sous le nom de porphyrites et de basaltes, relient les phénomènes anciens aux phénomènes ignés les plus modernes.

Ajoutons qu'une particularité unique en France est signalée depuis longtemps à Gabian : c'est la présence d'une source de pétrole, forme particulière et remarquable de ces produits d'agents intérieurs, qui fait la richesse d'immenses districts en Amérique.

Remarquons la situation géographique respective de nos différentes sources de documents géologiques: Fos et Vailhan représentants primaires au nord, Gabian, Neffiès, Fouzilhon, monumens mésozoïques ou du moyen âge, en contrebas, plus au sud, enfin les archives tertiaires ou de l'époque moderne, Roujan, Magalas, Pouzolles, Margon tout à fait au sud des autres ; c'est qu'au fait d'être formé de feuillets, le globe ajoute cette réalité d'agencement que les feuillets les plus bas placés débordent tous les autres, ceux de la partie médiane ne recouvrant les premiers qu'en partie, débordent à leur tour les feuillets supérieurs, et ces derniers, eux-mêmes en superposition sur les autres, ne recouvrent qu'en partie ceux qui les supportent: véritable jeu de cartes effeuillé, permettant à l'œil de saisir la plus basse carte du jeu et la plus superficielle, sans disparition d'aucune des intermédiaires; sur les unes et les autres indifféremment, dans une situation géographique quelconque, viennent s'étendre les produits ignés, phorphyrites et basaltes, sortis du fond sur des points quelconques, aussi bien au nord qu'au midi dans le canton.

Fos et Vailhan nous font pénétrer bien avant dans les événements dont notre planète a été le théâtre: c'est sous forme de calcaires et de schistes que se sont écrites ces histoires des temps passés : vaste massif schisteux monotone et terne, dominé au nord par des calcaires, la région de Fos nous représente le vieux monde qui a dû certainement être habité, mais qui n'a pas laissé de témoins dans les lieux que nous étudions ; plus bas, la pittoresque région de Vailhan nous offre de nombreuses médailles de ces anciens temps : calcaires pénétrés de magnésie avec des débris d'animaux marins, crustacés et mollusques, phacops et orthis rappelant les populations contemporaines du Devonshire en Angleterre et nommés pour cela *Devoniens;* cardioles et orthocères d'un âge plus ancien, dans les schistes très noirs, abondants en sources, qui supportent les calcaires Devoniens et que leurs similaires du pays de Galles ont fait appeler *Siluriens;* enfin les rochers escarpés portant le fier château ruiné des Sept-Vaillants, remarquables par leurs encrines et leurs productus, animaux rayonnés et mollusques, ensemble minéral que le voisinage de la Houille en Angleterre comme en France, a fait nommer *Carbonifère:* c'est en effet sur eux, en dessous de Vailhan, que repose la longue bande de *Schistes houilliers*, dont la carte dessine les contours, et qui plongent pour disparaître sous d'autres Schistes bien différents de nature et d'aspect, dont les analogues, étudiés d'abord dans le gouvernement du Perm en Russie, ont reçu l'appellation de *Permiens*.

Le but et le plan de cette notice nous imposent le devoir de nous borner à une simple énumération ; elle suffit à ceux qui savent pour rappeler tout ce qu'elle implique d'intéressant comme géologie générale et comme histoire particulière de la contrée.

Le moyen âge apparaît ; les formes animales ont totalement changé ; ce sont des dépôts sédimentaires généralement fins, quelquefois grossiers, des marnes, des grès, le tout coloré de mille nuances, qui en contiendront les premières archives ; c'est le *Trias* de Gabian et de Neffiès

C'est du Permien et du Trias que sort l'écoulement, aujourd'hui insignifiant, du pétrole qui a provoqué bien des recherches sans résultat.

Il semble qu'après les dépôts du Trias la vie, un moment ralentie, a repris sur le globe, tout au moins dans le canton qui nous occupe, avec une richesse toute particulière ; les marnes de Fouzilhon, toutes peuplées d'ammonites, si recherchées des amateurs, témoignent de cette mer populeuse, dont les sédiments, ayant formé toute la région du Jura, ont pris de là le nom de *Jurassiques* ; les phases de la vie ont été nombreuses et ont impressionné chacun des feuillets distincts ; Lias, Oolite, sont représentés à Fouzilhon, et font de cette localité un gîte classique, rappelant ceux de l'Aveyron ou du Jura ; mais voici : un long temps s'écoule dont les équivalents minéraux et organiques ne se retrouvent pas dans notre canton : phases plus récentes de la période jurassique, époque crétacée tout entière, dont d'autres points de l'Hérault possèdent les vestiges, n'ont laissé ici aucune trace ; ces traces sont-elles absolument absentes et les époques susdites ont-elles trouvé dans notre canton des conditions topographiques telles que ni eau, ni lac n'a pu y séjourner? ou bien, les dépôts effectués se sont-ils effondrés dans l'intérieur, et ont-ils été ultérieurement recouverts par les dépôts des mers plus récentes?

Ce n'est pas le lieu de discuter cette question ; quoi qu'il en soit, le moyen âge se réduit ici au siècle du jurassique inférieur ; les siècles suivants sont sans trace locale, et en descendant à Roujan, à Margon, à Pouzolles et à Magalas, nous entrons en pleine histoire moderne, dans le siècle appelé du nom de la localité qui en possède les plus beaux monuments, dans le siècle *Helvétien* ; il trouve son équivalent dans un dépôt de marnes bleues renfermant une quantité considérable d'huitres, dont quelques-unes atteignent des dimensions et des épaisseurs considérables.

C'est le type Helvétien du terrain tertiaire qui forme nos communes de la plaine, et l'œil le moins exercé peut au loin, d'un lieu élevé, suivre exactement dans ses moindres sinuosités les contours de la mer qui a nourri ces huitres, et déposé ces marnes.

J'ajoute que des phénomènes plus récents, de vastes courants d'eau entraînant des milliers de débris de reliefs quelquefois très distants, ont revêtu toutes les sommités d'un vaste manteau de cailloux, éraillé aujourd'hui par les érosions, mais que son influence sur les crus de leurs vignes, fait bien connaitre et non moins bien apprécier de nos agriculteurs ; cette masse de débris correspond au grand phénomène du *Diluvium* des géologues.

Enfin, et pour terminer cet inventaire si raccourci des richesses géologiques du canton de Roujan, mentionnons, à nouveau, les porphyrites et les basaltes de l'os et de Montesquieu, produits de vraies éruptions volcaniques, dont les derniers représentants ont couvert d'une nappe épaisse et quelquefois columnaire, les croupes schisteuses, auxquelles elles semblent avoir providentiellement surajouté un sol agricole de premier ordre par la quantité de potasse qu'ils renferment.

Paul de ROUVILLE.

III

FLORE

Le canton de Roujan n'offre rien de particulier en ce qui concerne la flore ; cependant, nous pouvons donner un petit aperçu de la végétation spontanée de cette région.

De Roujan à Neffiès, dans les terrains composés d'alluvions anciennes de la rivière de la Peyne, on récoltera : *Calepina Corvini.*

Près de la gare de Roujan-Neffiès : *Juncus Tanageia, Phalaris brachystachys, Malcolmia africana,* apporté probablement par le balast du chemin de fer.

En suivant la route de Neffiès à Cabrières, on se trouve dans un conglomérat appartenant à l'époque triasique. Dans les champs, croissent les espèces suivantes : *Centaurea pectinata, Rubus tomentosus, Silene muscipula, Erica cinerea.*

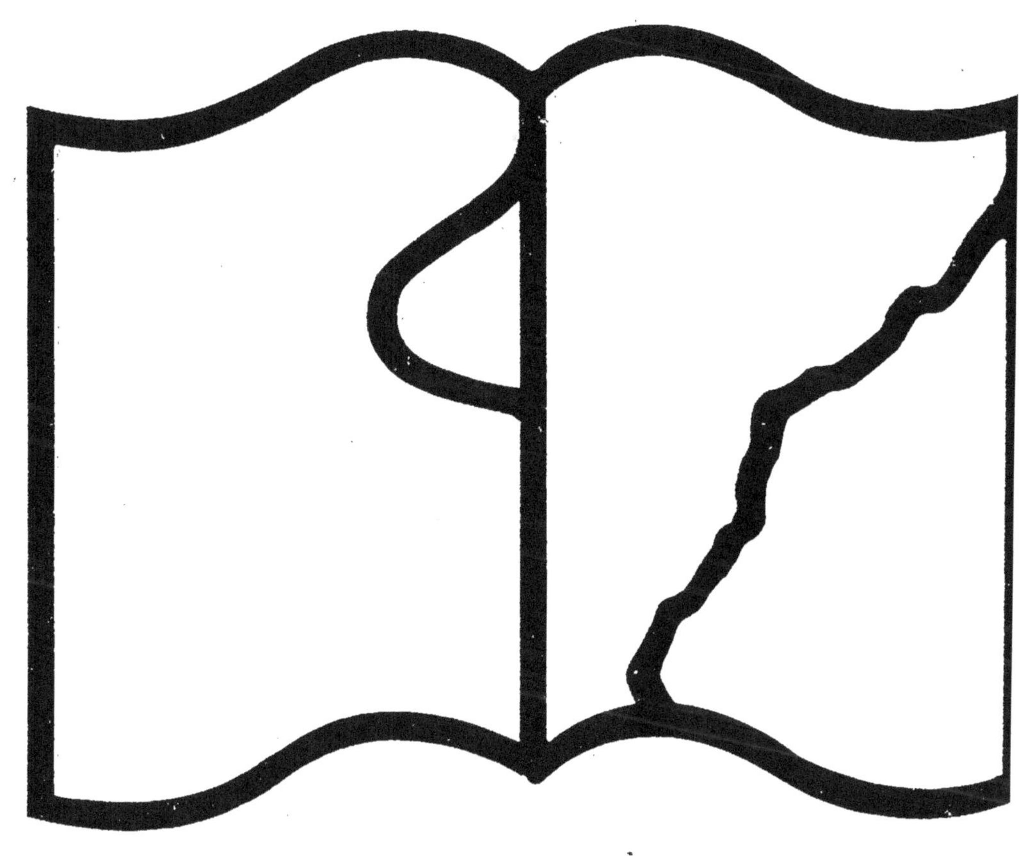

Texte détérioré — reliure défectueuse

NF Z 43-120-11

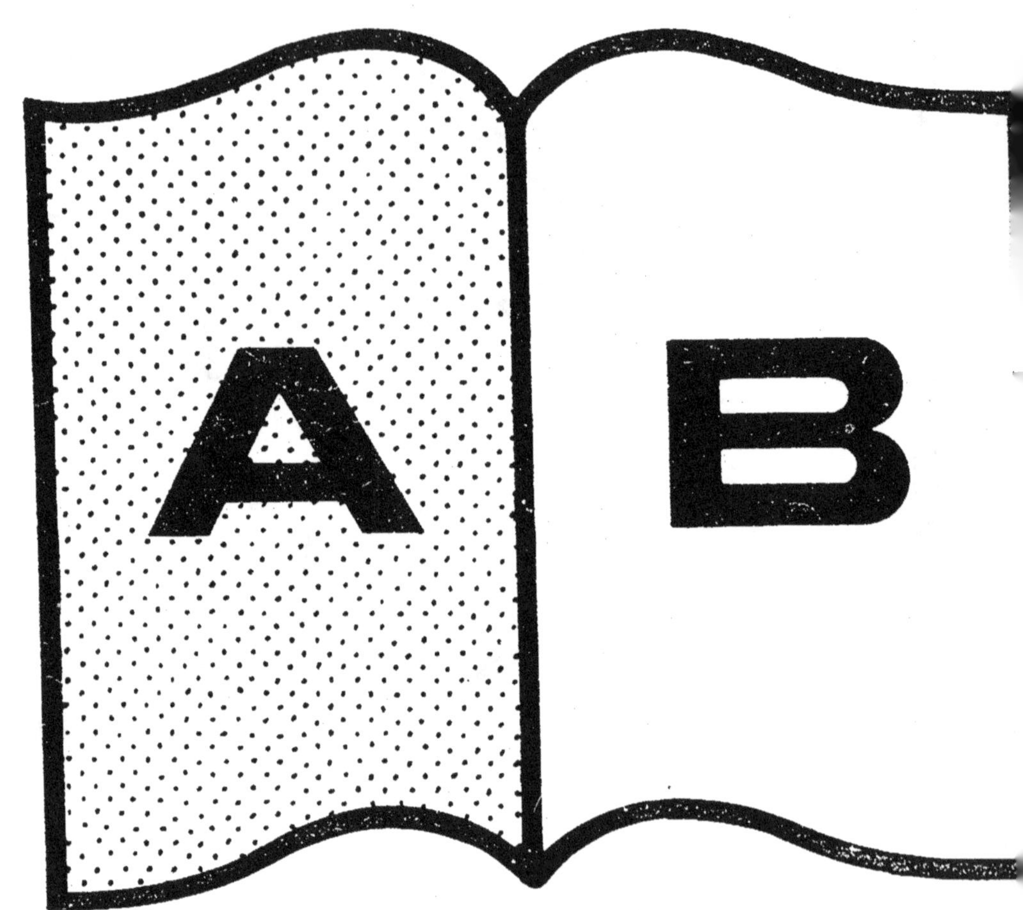
A
B

www.ingramcontent.com/pod-product-compliance
Lightning Source LLC
Chambersburg PA
CBHW061149050726
47594CB00005B/2334